AF357203

NOTICE

D'UNE

COLLECTION DE LIVRES

A FIGURES

D'EISEN, GRAVELOT, MARILLIER, MOREAU, ETC.

POÉSIES, ROMANS, FACÉTIES, LITTÉRATURE, VOYAGES ET HISTOIRE

Dont la vente aura lieu le **MARDI 3** et le **MERCREDI 4 MAI 1859**
à 7 heures du soir,

28, RUE DES BONS-ENFANTS,

Commissaire-priseur, Me BOULLAND, 10, rue de la Monnaie,
et M. CAMERLINCK, libraire, 28, rue des Bons-Enfants.

THÉOLOGIE.

1. La Sainte Bible, par David Martin. *Amsterdam*, 1722, in-4, v. br.

2. Hist. de l'Ancien et du Nouv. Testament, mise en cantiques, par l'abbé Pellegrin. *Paris*, 1743, in-8, v.

3. L'Imitation de Jésus-Christ, trad. et paraph. par P. Corneille. Imp. à *Rouen*, par Maurry, pour Rob. Ballard. 1656, 1 vol., in-4, mar. br. dent., fig. (rel. anc. réparée.)

4. Défense du culte extérieur, par Brueys. *Paris*, 1686, in-12, v. br.

5. Vaticinia, sive prophetiæ abb. Joachimi et Anselmi episc. Marsicani. *Venetiis*, 1589, in-4, vél., fig. — Triumphus J. C. crucifixi, per Barth. Riccium. *Anvers*, typis Plantinianis, 1608, in-8, dem. rel., fig. (Taché et incompl.)

6. Hist. de saint Roch et de son culte, par l'abbé Recluz. *Avignon*, 1858, in-8, br.

7. Relacion de la solemnidad de la beatificacion de la madre S. Teresa de Jesus. En *Barcelona*, 1615, in-4, vél.

8. Pia Desideria, lib. 3, authore H. Hugone. *Antuerpiæ*, 1659, in-12, vél., fig.

9. Jesu Christi vita. *Antuerpiæ*, 1541, in-8, vél., nomb. figures sur bois (fatig.)

10. La Vie simbol. de saint François de Sales, comprise sous le voile de 52 emblèmes. *Paris*, 1672, v. br., fig.

11. Lettres provinciales, par B. Pascal. *Paris*, Didot, 1849, in-12, dem. v. bl., port.

12. Trop est trop, capitulation de la France avec ses moines et religieux de toutes les livrées. *La Haye*, 1767, in-12, v. m. fil. — Deux traités sur la bulle Unigenitus. *S. l.*, 1732, in-12, v., fig.

SCIENCES ET ARTS.

13. Selecta Senecæ philosophi opera (avec la traduction française). Sarcotis carmen. *Paris*, Barbou, 1757 et 1761, ens. 2 vol. in-12, v. m.

14. Dissertations physiologiques (recueil de pièces), in-8, mar. r., tr. d., dent. (Armes de d'Aguesseau.)

15. Œuvres philosophiques de M. D... (Diderot). *Amst.*, 1772, in-8, v. m., grav.

16. Des compensations dans les destinées humaines, par Azaïs. *Paris*, 1825, in-8, 3 vol. dem. v. f.

17. Leçons de morale, de politique, etc., pour l'instruction des enfants du Dauphin. *Versailles*, 1773, in-8, mar. v., fil.

18. Le Tableau de Cebes (trad. par Gilles Boileau). *Paris*, 1653, in-8, vél. — La Morale d'Épicure, par Batteux. *Paris*, 1758, in-12, v.

19. L'Art de plaire dans la conversation. *Paris*, 1691, in-12, v. b., fr. gr.

20. Les Colloques d'Érasme, trad. par Gueudeville. *Leyde*, 1720, 6 tom. en 4 vol. in-12, v. b., fig.

21. Des Erasmi Colloquia. *Lugd. Batavorum*, 1655, v., fr. gr.

22. Cours d'économie politique, par Blanqui, Rossi et Buret. *Bruxelles*, Société typogr., 1842, gr. in-8, br.

23. La Magie blanche, et supp. à la Magie blanche, par Decremps. 2 vol. in-8, fig., bas.

24. Idées sur la nature et les causes de l'air déphlogistiqué. *Londres*, 1785, in-12, mar., r. fil., tr. dor.

25. Historiæ naturalis de piscibus et cetis, de exanguibus aqua-

ticis, de insectis, de quadrupedibus, etc., J. Jonstonus, con-
cinnavit. *Francof.*, ad Mænum, 1650, 2 vol. in-fol., fig., vél.

26. Le Théâtre des merveilles de la nature, de Levin Vincent. *Harlem*, 1719, in-4, mar. r., ric. dent., tr. dor., fig.

27. Terre et Ciel, par Reynaud. *Paris*, Furne, 1854, 1 vol. in-8, br.

28. Histoire naturelle des reptiles, par Sonnini et Latreille. *Paris*, an x, 4 vol. in-18, fig. color. v., gr. fil.

29. L'Anatomie de l'homme, par Dionis. *Paris*, 1698, in-8, mar. r., tr. dor., fil. dent. (Plusieurs pages tach.)

30. Système de la femme, par Roussel. *Paris*, 1809, in-8, dem. rel. — De l'homme et de la femme, par de Lignac. *Lille*, 1778, in-12, 3 vol., bas.

31. Tableau de l'amour conjugal, par Venette. *S. l.*, 1776, in-12, fig., bas.

32. Réflexions sur l'inoculation, par Gatti. *Bruxelles*, 1764, in-12, mar. r., tr. d.

33. L'Art de composer les liqueurs de table, les eaux de sen-teur, etc., par Bouillon-Lagrange. *Paris*, 1805, in-8, fig., br.

34. Le Jardinier amateur, avec deux suppléments, par Pirolle. 1 vol., in-12, br.

35. La Pisciceptologie, ou l'Art de la pêche. *Paris*, Corbet, 1823, in-12, br.

36. Gli ornamenti delle donne (livre curieux concernant les secrets pour la toilette des dames). *Venetia*, 1562, pet. in-8, mar. v.

37. Abdeker, ou l'Art de conserver la beauté, fig. — Avis aux mères qui veulent nourrir leurs enfants. Ens. 3 vol. in-18, v.

38. La Belle assemblée, annuaire fashionable. *Paris*, Janet, s. d., in-8, cart. dans un étui., fig.

39. Lettres à Palmyre sur l'astronomie, par Liskenne. *Paris*, 1825, in-8, fig., cart.

40. Christophori Clavii Bamb. in spheram comment. *Lugdini*, 1593, in-4, vél.

41. Éphémérides, ou Astrologie des rustiques. *Paris*, 1554, in-18, mar. r., anc. rel.

42. Les Vrayes centuries et prophéties de Michel Nostradamus. *Paris*, Ribou, 1668, in-12, v. brun.

43. Le Nouv. almanach du vieux dimanche. — Élog. mém. du

concordat, ou les Alleluia et les Amen chéris des catholiques de Nevers, etc. *Paris*, M. de Nouv. in-12, dem. rel. — Examen critique du nouv. calendrier. *Paris*, 1797, in-8, dem. rel. — Le vrai calendrier perpétuel. *Paris*, 1783, in-18, v.

BEAUX-ARTS.

44. Conservatoire des sciences et des arts, ou Écrits sur les antiquités, la mythologie, la peinture, la musique, etc., trad. de différentes langues. *Paris*, Déterville, *s. d.*, 6 vol. in-8, br., fig.

45. Vies des peintres et Voyage en Flandre, par Descamps. *Paris*, 1753-64 et 1769, ens. 5 vol. in-8, br., port. et grav., par Ficquet, etc.

46. Abrégé de la vie des peintres, par de Pilles. *Paris*, 1699, 1 vol. in-12, v. — Vies des prem. peintres du roi. *Paris*, 1752, in-12, 1 vol., v. m. — Beautés de la peinture, par Weble, trad. de l'angl. par Bergier. *Paris*, 1765, in-12, v. m.

47. Rubens et l'école d'Anvers, par A. Michiels. *Paris*, 1854, in-8, br.

48. Histoire de l'art chez les anciens, par Winckelmam, trad. de l'allem. *Paris*, 1766. 2 vol. in-8, fig., v. m. — Lettres de Millin sur l'Italie, in-8, cart.

49. Ædes Barberinæ ad Quirinalem a Tetio descriptæ. *Romæ*, 1642, in-fol., fig., v. br.

50. Recueil de figures, groupes, fontaines, etc., du chât. et parc de Versailles, gr. par S. Thomassin. *Paris*, 1694, petit in-4, fig. (218), v. m.

51. Choix de tableaux modernes de la galerie de la duchesse de Berry, par Landon. *Paris*, 1823, in-8, 26 pl. cart.

BELLES-LETTRES. — POÉSIE.

POETES GRECS ET LATINS.

52. Les Poëtes grecs, de M. le Febvre. *Saumur*, 1664, in-12, vél. — Anecdotes grecques. *Amsterdam*, 1732, in-12, v. br. — Dictionnaire d'antiquités. *Paris*, 1760, in-12, v. m.

53. Anacréon, Sapho, Bion et Moschus, trad. par M. de Clair-
font. *Paris*, 1783, gr. in-8, pap. de Holl., fig., v. f. fil.,
tr. dor.

54. Anacréon, trad. par Gacon. *Rotterd.*, 1712, in-12, fr., gr.
— Contes de Lenoble. *Bruxelles*, 1707, in-12, v. — Recueil
de traductions, par le président Bouhier, in-12, v.

55. Idylles de Théocrite, préc. de Héro et Léandre. *Syracuse*,
1775, in-8, bas., fig. — Le Plaisir, rêve, par le comte d'Es-
taing. *London*, 1755, in-8, gr. p., fig., v. éc. f.

56. An Enquiry into the Life and Writings of Homer, by Black-
well. *London*, 1736, vig. de Gravelot, in-8, v. m.

57. L'Iliade, poëme, par de la Motte. *Paris*, 1714, in-8, fig.
d'Edelinck.

58. Ovide. Les Métamorphoses, l'Art d'aimer, trad. par Saint-
Ange; les Amours et le remède d'amour, fig., br. — Les
Métamorphoses, trad. par Th. Corneille, in-12, v.

59. Les Métamorphoses d'Ovide, trad. par Dubois-Fontanelle.
Paris, 1802, 4 vol., v. éc., fil., gravures.

60. Les Métamorphoses, ou l'Asne d'or d'Apulée. *Paris*, 1648,
2 vol. in-8, dem. rel., fig.

61. Ane d'or d'Apulée, trad. par Maury. *Paris*, Bastien, 1822,
2 vol. in-8, br.

62. Brébeuf, la Pharsale de Lucain. *Rouen* et *Paris*, de Sommerville, 1663, 1 vol. in-12, v. gr.

63. Marmontel. La Pharsale de Lucain. Fig. de Gravelot. —
Poétique française. *Paris*, 1763. Ens. 4 vol. in-8, v. m.

64. A. Lucani Pharsalia (avec la trad. en vers italiens). *Milan*,
1781, in-4, vél. — La Istoria universale, da Fr. Bianchini.
In Roma, 1697, in-4, vél., fig.

65. Epigrammes de Martial, trad. nouvelle. A Paphos, de l'imprimerie du Dieu des Amours. 3 vol. in-8, br.

66. Satires de Juvénal, trad. de Dussaulx, rev. par J. Pierrot.
Paris, Panckoucke, 1825, 2 vol. in-8, dem. rel. — Pétrone,
latin-français, trad. entière (par Nodot). *Paris*, an VII, 2 vol.
in-8, dem. rel.

67. Trad. de Catulle, Tibulle et Gallus (par le marquis de Pezay).
Paris, Delalain, 1771, 2 vol. in-8, gr. pap. de Holl., fr.
gr. d'ap. Eisen.

68. Les Satires de Perse, par l'ab. Lemonnier. *Paris*, 1771, in-8,

v. gr. fr. gr.—Elégies de Tibulle, trad. par de Longchamps. *Amst.*, 1786, in-8, fr. gr.

69. Elégies de Properce, par Delongchamps. *Paris*, Duprat, 1802, fig. de Marillier, 2 vol. in-8, cart.

70. Œuvres de Ducerceau, en latin et en français. *Paris*, 1805 et 1733. Ens., 3 vol. in-12, v.

71. Poemata didascalica. *Paris*, Delalain, 1813, 3 vol. cart. — J. Vánierii prædium rusticum. *Paris*, 1746, in-12, v. b. fig.

POETES FRANÇAIS, POEMES, RECUEILS DE POÉSIE,
POETES ÉTRANGERS.

72. De la lecture des livres françois, 4ᵉ partie, poésies du seizième siècle. *Paris*, 1780, in-8, dem. rel. — La Poésie pastorale, par l'abbé Genest. *Paris*, 1707, in-12, v.

73. La Pléiade françoise, ou l'Esprit des sept plus grands poëtes. *Berlin*, 1754, 2 vol. in-12, v. f. — Œuvres de Mᵐᵉ et de Mˡˡᵉ Deshoulières. *Paris*, Prault, 1747, 2 vol. in-12, v. m.

74. Poésies de Malherbe, avec sa vie, par L. Thiessé. *Paris*, Baudouin, 1828, in-8, dem. rel.

75. Poésies choisies de Corneille, Benserade, etc. 1ʳᵉ partie. *Paris*, 1660, 1 vol. in-12, v. — Brantôme, Vies des dames illustres. *Leyde*, 1665, in-12, v.

76. Poésies diverses de Brébeuf. *Paris*, de Sommerville, 1 vol. in-12, v. br. — Entretiens solitaires, par le même. *Paris*, 1660, in-12, mar. r. (rel. fatiguée).

77. Œuvres de Brébeuf. *Paris*, 1664, 2 vol. in-12, v. gr. (Niédrée).

78. La Pucelle, ou la France délivrée. Poëme héroïque, par Chapelain. *Paris*, 1656, in-12, fig., mar. vert, fil., tr. dor. (Simier).

79. Clovis, poëme, par Desmarets. *Paris*, 1666, in-12, dem. rel., mar. v.

80. Les Quatre parties du jour, poëme trad. de l'all. de Zacharie. *Paris*, 1769, gr. in-8, fig., bas.

81. Le Paradis terrestre. *Londres*, 1748. — La Colombiade, poëmes, par Mᵐᵉ Dubocage. *Paris*, 1756, in-8, v., fig. et portr.

82. Poésies pastorales, par Léonard. *Paris*, Lejay, 1771, in-8, v., fig. de Marillier et Eisen.

83. Les Saisons, par Saint-Lambert. *Amsterdam*, 1773, in-8, pap. de Holl., v. éc., fil., fig. — Les Saisons, par Thompson, trad. (par Mme Bontemps). *Paris*, 1779, in-8, v. gr., dent., fig. d'Eisen.

84. Les Baisers, les Jardins, les Mois. 3 vol. in-18 Caz. rel., fig.

85. Les Grâces (par de Querlon). *Paris*, Prault, 1769, in-8, mar. r., tr. dor., fig. de Moreau et Marillier.

86. Le Jugement de Pâris, par Imbert. *Amst.*, 1772, in-8, gr. pap., dem. rel., fig. de Moreau.

87. Le Conseil de Momus, poëme calotin. *S. l. n. d.*, in-8, v., fig. — La Henriade travestie. *Evreux*, an VII, in-18, d. rel.

88. Le Temple de Gnide. Silvie. *Londres*, 1743, in-8, fig., mar. v., fil., tr. dor. (Anc. rel.).

89. Silvie (par Watelet). *Londres*, 1743, in-8, fig.—Le Temple de Gnide (par Montesquieu). *Londres*, s. d., in-8, fig., v. b., fil. — Il Tempio di Gnido. *Londres* (1766), in-8, v. f., fil., fig.

90. Narcisse dans l'île de Vénus, poëme (par Malfilâtre). *Paris*, (1769), in-8, fig., mar. r., fil., tr. dor., armes (anc. rel.).

91. L'Art d'aimer et autres poésies, par Bernard. *S. l. n. d.*, in-8, fig. d'Eisen.

92. Le Lutrin, poëme de Boileau, trad. en vers latins. *Paris*, 1780, in-8, v., port. et fig.

93. Les Dégoûts du théâtre, épître. *S. l.*, 1746, in-8, v. f.

94. L'Agriculture, poëme (par Rosset). *Paris*, I. R., 1786, in-4, fig. et vign. de Marillier, Saint-Quentin, etc., v. f., fil.

95. La Navigation, poëme. *Paris*, 1781, in-8, br., f. et vign.— Dolbreuse, ou l'Homme du siècle, par Loaisel de Tréogate. *Amsterdam*, 1783, 2 vol. in-8, br., fig.

96. La Peinture, poëme, par Lemierre. *Paris*, s. d., in-8, dem. rel., fig. de Cochin.

97. Idylles, par Berquin. *Paris*, 1775, 2 vol. in-18, fig. de Marillier, v. m., fil., tr. d.

98. Joseph, par Bitaubé. *Paris*, Dentu, 1 vol. in-18, grav. de Marillier. — Poésies galliques, trad. par B. Lormian. *Paris*, Didot, 1804, in-18, dem. rel.

99. Tangu et Félime, poëme, par Laharpe. *Paris*, 1780, fig. de Marillier, pap. de Holl. — Poésies de Guyétand. *Paris*, 1790, rel. en 1 vol. in-8, v. dent.

100. Poésies de Baraton. *Paris*, 1705, in-12, v. — Poésies de Sedaine. *Londres*, 1760, in-12, v., m., fr. gr.

101. Napoléon en Egypte, poëme, par Barthelemy et Méry. *Paris*, 1828. — La Villéliade, par les mêmes, vign. *Paris*, 1827. Ens. 2 vol. in-8, dem. rel.

102. Le Retour des Bourbons, poëme. *Paris*, 1816, in-12, br., fig. — Histoire de Henry IV, par de Bury. *Paris*, 1779, 4 vol. in-12, dem.-rel., portr.

103. Alfred de Vigny, Poëmes et Servitude militaire. *Paris*, 2 vol. in-8, d. rel., v. — Théâtre. *Paris*, librairie nouvelle, 1858, in-8, br.

104. Poëtes divers du dix-neuvième siècle : Chenedollé, Campenon, Baour-Lormian, Boucharlat, Castel, etc. 17 vol. in-12, rel. et br.

105. Poésies, par Mme A. Tastu. *Paris*, 1827, in-8, v. v., f. à f., tr. dor. — Lascaris, par Villemain. *Paris*, 1825, in-8, d. rel. v.

106. Anthologie françoise, ou Chansons choisies. *S. l.*, 1765, in-8, v. f., fil., grav. et portr.

107. Phædri fabulæ. *Paris*, Barbou, 1754, in-12, cart., n. rog., fig. — Fables et contes. *Paris*, 1754, in-12, br., vign.

108. Fables de Lafontaine. Edit. du Dauphin. *Paris*, Didot, 1789, in-8, mar. v., fil,, tr. dor. (Sur la tranche de chaque vol. on a peint un sujet de paysage très-joliment exécuté et caché par la dorure.)

109. Fables de Lafontaine, illustrées. *Paris*, Aubrée, 1839, gr. in-8, dem. rel.

110. Florian. Mélanges, fables et théâtre. *Paris*, Didot, 1786, in-18, 5 vol. rel., fig. de Queverdo.

111. Fables nouvelles, par de Saint-Marcel. *Londres*, 1778, in-8, v. éc. — Œuvres de Blin de Sainmore. *Paris*, 1774, in-8, v., fig.

112. Œuvres et fables de Pesselier. *Paris*, 1748, 2 vol. in-8, v.

113. La Favola di Circe, rep. in un ant. bassorilievo di marmo. In *Roma*, 1758, in-4, vél., fig.

114. La Divine comédie de Dante, trad. par Brizeux. *Paris*, 1841, in-12, dem. rel.

115. Egloghe boscherecce del secolo, 15 et 16. *Venezia*, 1785, in-12, vél.

116. Il Merito delle donne, etc., trad. da L. Balochi. *Parigi*, Renouard, 1802, dem. rel., v. ant., fig.—Pastor fido, del cav. G. B. Guarini. *Londra*, 1778, in-12, fig., dem. rel.

117. Poésies napolitaines, 2 vol. in-12, vél. — Aminta, *Londra*, 1783, in-18, v. — Pastor Fido. in-32, fig. — Pietra del paragon politico, 1664, in-32, fig.

118. Filli di Sciro, de Bonarelli. *Amsterd.*, Elzev., v. b. — Il Pastor fido, del S. Guarini. *Amst.*, Elz., 1670, v. f. Ens. 2 vol. in-32.

119. Los cinco ultimos libros de Fortuna de amor, por Ant. de lo Frasso. *Londres*, 1740, 2 vol. in-8, v., fig. de Gravelot.

120. Il Rosario della Madonna, poema heroico, del sig. Capoleone Ghelfucci. In *Torino*, 1602, in-4, vél., fig., s. b.

121. Ricciardetto, poema di N. Forteguerri. *Londra*, 1780, 3 vol. in-12, v., tr. dor., fig.

122. Il Goffredo, poema eroïco del S. Torquato Tasso. In *Padova*, 1728, in-12, v. br.

123. Les Veillées du Tasse, trad. par B. Barère. *Paris*, Crapelet. gr. pap. de Holl., in-8, fig., cart., n. rog.

124. Versi sciolti e rimati di Dorilo Dafneio. (Della Tore de Rezzonico.) *Parma*, d. stamp. reale, 1773, in-8, v. f., tr. d., fil., vig. et cul-de-lampe.—Epistole eroiche di Ovidio, trad. da Remigio fior. *Parigi*, Durand, 1762 (avec la trad. française à la fin du vol.), in-8, v. éc., fil.

125. The Chase, a poem, by W. Somerville, esq. *Albion*, 1801, in-12, v. f., dent., f. à fr.

126. Choix de poésies allemandes, par Hubert. *Paris*, Humblot, 1766, v. mar. — Poésies de Haller. *Berne*, 1775, v. éc., fil. Ens. 4 vol. in-8, fig. et vig.

ART DRAMATIQUE.

127. Histoire universelle des théâtres de toutes les nations, par une société de gens de lettres. *Paris*, 1779, 12 vol. br., fig.

128. Bibliothèque du Théâtre-François, (par Lavallière). *Dresde*, 1768, 3 vol. in-8, v. éc., fil., fig. de Cochin.

129. Cours de littér. dram., par Geoffroy. *Paris*, 1819, in-8, 5 vol. br.

130. Anecdotes dramat. (par Clément et Delaporte). *Paris*, 1775, in-12, 3 vol., v. m.

131. Le Comédien, par Rémond de Sainte-Albine. *Paris*, 1747, in-8, v. m., vig. de Gravelot. — L'Art du comédien chanteur, par Boisquet. *Paris*, 1812, in-8 br.

132. Vie de Molé, comédien français. *Paris*, 1803, in-12, dem. rel.

133. Catalogue de la bibliothèque dram. de Pont-de-Vesle. *Paris*, 1848, in-8 br.

134. Epoques de l'histoire de France en rapport avec le théâtre français, par O. Leroy. *Paris*, Hachette, 1843, in-8 br.

135. Etude sur le théâtre latin, par Maurice Meyer. *Paris*, 1847, in-8 br.

136. Senecæ tragediæ, edit. accur. *Biponti*, 1785, in-8, dem. rel. port. — Petronii Arb. satiricon. *Biponti*, 1790, in-8, dem. rel.

137. Les Comédies de Térence, trad. par Mᵐᵉ Dacier; texte en reg. *Rott.*, 1717. 3 vol. pet. in-8, fig., v. gr. — Les Comédies de Plaute, trad. par Gueudeville. *Leyde*, 1719, 10 vol. in-12, v.

138. La Sophonisbe, par Mairet, l'Amour tyranique de Scudéri, l'Amant bourru, par Monvel, etc., 6 pièces.

139. Beaumarchais, théâtre complet. *Paris*, Didot, 1844, in-12, port., dem. v. f.

140. Théâtre de société (par Collé). *La Haye*, 1768, 2 vol. in-8, v. éc., fig. — L'Honnête criminel, par F. de Falbaire. *Amst.*, 1767, in-8, v. éc., fig. de Gravelot.

141. Œuvres de Crébillon. *Paris*, Renouard, 1818, 2 vol. in-8, v. gr., fig. de Moreau.

142. Théâtre de Destouches. *Amsterdam*, 1755, 5 vol. in-12, dem. rel. (fat.), fig. — Théâtre de M. Quinault. *Amsterdam*, 1697, 2 vol. in-12, fig. — Théâtre de Campistron. *Amsterdam*, 1695, in-12, fig.

143. Théâtre du président Hénault. *S. l.*, 1768, in-8, dem. rel., vig. d'Eisen.

144. Théâtre de Marivaux. *Paris*, 1758, 5 vol. in-12, v. éc., port. 3

145. Hist. de la vie et des ouvr. de Molière, par Taschereau, 2ᵉ édit. *Paris*, 1828, in-8, port., dem. rel. v. v.

146. Œuvres de Molière. *Paris*, Bailly, 1770, 8 vol. in-18, v. m., fig. de Boucher.

147. Œuvres de Racine, avec les comment. de Luneau de Bois-jermain. *Paris*, Louis Cellot, 7 vol. in-8, v. éc., fil., fig. de Gravelot. (1 vol. taché.)

148. Œuvres de théâtre de Saint-Foix. *Paris*, 1774, 3 vol. in-12, v. m., fil. tr. dor. (armes).

149. Théâtre de Brueys, Baron, Crébillon, Dancourt, Danchet, Fagan, Poisson et autres. Ens. 37 vol. in-12, rel.

150. Théâtre de Clara Gazul, par Mérimée. *Paris*, Charpentier, 1842, in-12, dem. mar. — Angélique et Jeanneton, par Pigault-Lebrun. *Paris*, Barba, 1843, in-12, dem. mar.

151. Théâtre de Pradon, Voisenon, Avisse, Lafont et Lamotte. Ens. 6 vol. in-12, v. m.

152. Théâtre de Raynouard et de Baour-Lormian. *Paris*, 1824, in-8, dem. rel., port., n. rog. — Théâtre de Manzoni, trad. par Fauriel. *Paris*, Bossange, 1823, in-8, bas. fil. — Les Deux gendres, par Étienne, suivis de Conaxa, in-8, dem. rel.

153. Aben-Saïd, tragédie, par l'abbé Leblanc. *Paris*, 1736, in-8, v. fil. fig.

154. Proverbes romantiques, par Romieu. *Paris*, 1827, in-8, dem. rel. — Saynètes, par P. Foucher. *Paris*, 1832, in-8, broché.

ROMANS, CONTES ET NOUVELLES, HISTOIRES SATIRIQUES, FACÉTIES.

155. Bibliothèque des romans grecs. *Paris*, 1797, 12 tom. en 6 vol. in-12, cart., n. rog.

156. Les Amours de Daphnis et Chloé, *s. l. n. d.* In-12, v. br. fig.

157. Les Amours pastorales de Daphnis et Chloé, trad. par J. Amyot. *Lille*, 1792, in-12, dem. rel. mar. fig.

158. Le Aventure de Telemaco. *Parigi*, Molini, 1785, 2 vol. in-12, fig., v. m., fil.

159. Boccace (le Décaméron de Jean). *Londres*, 1757, 5 vol.

in-8, fig. et vig. de Gravelot, mar. r., tr. dor., anc. rel. (les tom. 1, 4 et 5).

160. Contes de Boccace. *Londres*, 1779, 10 vol. in-12, v., fig. de Gravelot, Boucher, etc.

161. Orlando innamorato, di M. Bojardo. *Parigi*, 1768, 4 vol. in-12, v. m. fil., port. — Decamerone di Boccacio. *Londra*, 1789, 3 vol. in-12, dem. rel., port. et lit. gr.

162. La Gerusalemme liberata di T. Tasso. *In Parigi*, Bossange, 1792, 2 vol. in-8, v. rac., fil., tr. dor., fig. et vig. de Gravelot.

163. La Jérusalem de Torquato Tasso, trad. par Baudoin. *Paris*, 1648, in-8, fig., v. — L'Odyssée d'Homère, trad. par C. Boitel. *Paris*, 1638, in-8, v.

164. La Jérusalem délivrée, trad. en vers, par Baour-Lormian. *Paris*, 1819, 3 vol. in-8, dem. rel. grav. aj.

165. La Secchia rapita (le seau enlevé) du Tassoni, trad. par Perrault. *Paris*, de Luyne, 1678, 2 vol. in-12, bas.

166. Ombre parlanti, trattato molto curioso, 1669, in-18, v. — Il Congresso di Citera. *Parigi*, 1756, in-12, cart., fig. — Le Mie prigioni, mem. di S. Pellico. *Parigi*, 1839, in-18, dem. rel.

167. Don Quichotte, trad. de Louis Viardot. *Paris*, Hachette, 2 vol. in-12. — Bignan, poëmes évangéliques. 1 vol. in-12, br.

168. Bachelier de Salamanque, Bélisaire, etc. 6 vol. in-12, rel.

169. Nouvelles espagnoles, par M. de Cervantes, trad. nouv., par Lefebvre de Villebrune. *Madrid*, 1775, 2 vol. in-8, fig. des Desrais, v. m.

170. A Father's Legacy to his daughters, by the late Dr. Gregory of Edinburgh. *London*, 1781, in-12, mar. r., fil., tr. dor. — The Hermit of the Alps, by Th. Dutton. *London*, 1794, in-12, mar. r. — Juvenile souvenir. *London*, s. d., in-12, dem. rel., fig.

171. Av. de Télémaque, par Fénelon. *La Haye*, 1715, 1 vol. in-12, fig., v. br. — *Le même*, 2 vol. in-12, fig. v.

172. Le Roman comique de Scarron. *Paris*, mars 1825, 2 vol. in-8, dem. rel., port.

173. Le Diable boiteux, par Lesage. *Amst.*, 1783, in-8, dem. v. 3
f. n. rog., fig. de Marillier.

174. La Vie de dom Alph. de Lirias, fils de Gil Blas de Santillane. 1
Amst., 1744, p. in-12, v. b., fig. de Punt.

175. Jean Sbogar, par Ch. Nodier. *Paris*, 1818, 2 vol. in-12,
v. éc., fil. (1re édition.)

176. Les Nouvelles de Florian. *Paris*, Didot l'aîné, 1792, in-8,
v. m., fig. de Queverdo.

177. Contes fantastiques d'Hoffmann, trad. par H. Egmont. *Pa-*
ris, Perrotin, 1840, 4 vol. in-8, br., fig.

178. Jérôme Paturot à la recherche d'une position sociale, par
L. Reybaud. *Paris*, Paulin, 1847, 2 tom. en 1 vol. in-18,
dem. mar.

179. L'illustre Bassa, par Scudéri. *Paris*, 1644, in-8, vél.

180. Recueil des meilleurs contes en vers. *Genève*, 1774, in-8,
v. m., vig. de Marillier.

181. Le Petit neveu de Boccace, ou Contes nouv. en vers, par
Planchez de Valcour. *Avignon*, 1781, in-8, fig., bas.

182. Contes et nouvelles de la Fontaine. *Paris*, 1792, in-8, dem.
rel., dos et c. v. f., fig. d'Eisen, etc.

183. Les Nouvelles françoises, par d'Ussieux. *Paris*, 1783,
4 tom. rel. en 2 vol. in-8, dem. rel., fig.

184. Recueil de contes et de poëmes, par Dorat. *Paris*, 1776,
in-8, fig. et vig. d'Eisen, v.

185. Dorat. Mes Fantaisies, mes Nouveaux torts, Lettres de Se-
nanges et Versenay, les Deux reines. Ens. 4 vol. in-8,
rel., fig.

186. Les Amours de Psyché et de Cupidon, par la Fontaine.
Paris, 1728, pet. in-8, port., v. viol., fil., tr. d. (Simier.)

187. Contes comiques. *Copenhague*, 1771, in-8, v. m., fig. —
Historiettes, par Imbert. *Amst.*, in-8, fig. et vig. de Moreau.

188. Contes moraux, par Mercier. *Amst.*, 1769, in-12, fig. de
Marillier, v. m. — Opuscules, par Costard. *Londres*, 1789,
in-12, v., fig. d'Eisen.

189. Contes moraux, par Marmontel. *Paris*, 1765, in-12, 3 vol.
v. éc. fil., fig. de Gravelot.

190. M. Nicolas, ou le Cœur humain dévoilé. — Le Paysan per-
verti, par Rétif de la Bretonne. Ens. 10 vol. in-12, dem.
rel. fat.

191. Contes des fées, par Perrault. *Paris*, 1809, in-18, fig., dem. rel., mar. v.

192. Angola, histoire indienne. *Agra*, 1751, 2 tom. en 1 vol. p. in-12, dem. v. f., fig, d'Eisen.

193. Acajou et Zirphile, par Duclos, conte. *Minutie*, 1744, pet. in-4, fig., dem. rel. et coins, v. f. (Niédrée.)

194. Les Amants du faubourg Saint-Marceau, ou Aventures de Madelon Friquet, par Dorvigny. *Paris*, 1801, 2 vol. in-18, dem. rel., fig. — La Jardinière de Vincennes. *Paris*, an VIII, 2 tom. rel. en 1 vol. in-18, bas., fig.

195. Justine de Saint-Val, fig. — Le Lord impromptu, 2 vol. in-12, rel. en un, mar. r. (armes).

196. Manon Lescaut, par l'abbé Prévost. *Paris*, Didot, 1797, 2 vol. in-18, dem. rel., fig. de Lefebvre. — Primerose, par M. de Vindé. *Paris*, Didot, in-18, dem. rel. v. f., fig.

197. Histoire d'Eléonore de Guyenne, par Larrey. *Londres*, 1788, in-8, v. éc., fil., figure de Borel.

198. Histoire amoureuse des princesses de Bourgogne. *La Haye*, 1720, port. — Histoire franç., galante et comique. *Amst.*, 1712, fig. Ens. 2 vol. in-12.

199. Histoire de Mme Henriette d'Angleterre, par Mme de la Fayette. *Amsterdam*, 1742, in-12 v. éc. fil. — Histoire de Marguerite d'Anjou, reine d'Angleterre, par Prévost. *Amsterdam*, 2 vol. in-18, v.

200. Henriette de Molière. — L'Héroïne mousquetaire. — La Comtesse de Savoie. — La Princesse de Clèves. — Le Caprice du Destin, romans. Ensemble, 5 vol. in-12, v. fig.

201. Histoire de Roméo Montecchi et de Juliette Cappulletti, par le baron de Guenissey. *Paris*, 1836, in-8, br. — Isabelle et Rêveries, par de Senancour. *Paris*, Ledoux, 2 vol. in-8, br.

202. Histoire des Amours de Pierre le Long et de Blanche Bazu. *Londres*, 1765, fig. — Camédris, conte, par Mlle Mazarelli. *Paris*, 1765, en 1 vol. in-12, v. m.

203. Gérard, comte de Nevers. *Paris*, s. d., in-8, mar. r., tr. dor. f. à f.

204. Primerose, par Morel de Vindé. *Paris*, Didot, 1798, in-18, v. rac., fil., tr. dor.

205. La princesse Aurélie, par de Segrais. *Paris*, 1721, 2 vol.

in-12, v. m., fig. (mouillures.) — Œuvres de Segrais. *Amsterdam*, 1723, 2 part. en 1 vol. in-12, v. gr.

206. Zayde, par de Segrais. *Paris*, 1764, 2 vol. in-12, v. f. — Œuvres de Pavillon. *Amsterdam*, 1747, 2 vol. in-12, v. m.

207. Dictionnaire portatif, contenant les anecd. hist. de l'amour. *Paris*, 1788, 2 vol. in-8, bas.

208. Documenti d'amore, di M. Francesco Barberino. (*Roma*, 1640), 1 vol. in-4, vél., fig. de Bloemaert (très-rare).

209. La Jolie femme ou la Femme du jour. *Amsterdam*, 1769, in-12, v. — Les Égarements d'un philosophe ou la vie du chevalier de Saint Albin. *Genève*, 1787, in-12, cart., fig.

210. Le Sacrifice de l'amour ou la messe de Cythère, etc. A *Sybaris*, 1809, in-12, dem. rel. v. rose.

211. Journée de l'Amour, par l'abbé de Voisenon et autres. A *Gnide*, 1776, in-8, v. éc. fil. (armes).

212. Le Bijou de société. A *Paphos*, l'an des plaisirs, 2 vol. in-18, v. m., dent. fig.

213. Les Baisers de Zizi. *Paphos*, 1786, 1 vol. in-18, mar. v. — Praxile. *Paris*, Rabaut, an VII, in-18, dem. rel. avec coins, v. f., 1 fig.

214. Les Confessions du comte de ***, par Duclos. *Londres*, 1776, v. f. — Les Aventures de Chœrée et de Callirrhoé, trad. par Fallet, v. éc. ens. 2 vol. in-8, fig. de Desrais.

215. Le Moyen de parvenir, par Beroalde de Berville. Nulle part, 1,000,700,504, 2 vol. in-12, v. m.

216. Les contes de Bonav. Despériers. *Paris*, Ch. Gosselin, 1843, in-12, dem. v. f. — Œuvres d'Adrien de Sarrazin. *Paris*, 1847, in-12, dem. v. bl.

217. Cymbalum mundi, par B. Despériers. *Amsterdam*, 1732, in-12, v. m., vign.

218. Les Caquets de l'accouchée, coll. elzév. *Paris*, 1855, 1 vol. c.

119. Œuvres de Rabelais. *Paris*, Desoer, 1820, 3 vol. in-18, fig., rel. c. de R. dent., tr. dor. (Thouvenin.)

220. Œuvres de Tabarin. *Paris*, A. Delahays, 1858, 1 vol. cart. (Bib. gauloise.)

221. Les Étrennes de la Saint-Jean.—Les Écosseuses ou les Œufs de Pâques. *Troyes*, veuve Oudot, s. d., in-12, dem. rel. mar. — Étrennes à MM. les ribotteurs, par Vadé. *Troyes*, veuve André, in-18, dem. rel. mar.

222. Plainte des filous contre les réverbères. *Londres*, 1769, in-8, dem. rel. mar.

223. Le Nez, ouvrage curieux. galant et badin. *Amsterdam*, 1717, in-12, v. b. — Le ***, histoire bavarde. *Londres*, 1749, in-12, v. m., tit. gr.

224. Le Voyage du vallon tranquille, par Charpentier, nouv. éd. avec la clef. *Paris*, 1796, in-18, tiré in-12, pap. vél. carton., n. rog.

225. Le Coureur de nuit, par Quevedo. *Lyon*, 1698, in-12, fig. — L'Ariane, par Desmarets. *Leyde*, 1644, in-12, fig., mar. r. fat. (armes).

226. Rousseliana, les Masques arrachés, le Chansonnier dansant. Ens. 4 vol. in-18, rel.

227. La Guerre séraphique. *La Haye*, 1740, in-12, br.

228. Le Moqueur amoureux, par Sophie Gay. 1830, 2 vol. in-8, b.

CRITIQUE, POLYGRAPHES.

229. Histoire de la vie et des ouvrages de la Fontaine, par Walckenaer. *Paris*, 1820, 2 vol. in-8, v. ant., tr. dor, f. à f. (rel. rép.)

230. Études sur Goethe, par Marmier. *Paris*, 1835, in-8, br.

231. Lectures des Mémoires de Châteaubriand, ou Recueil d'articles publiés sur ces Mémoires. *Paris*, Lefèvre, 1834, in-8, dem. rel.

232. Lycée, ou Cours de littérature, par de la Harpe. *Dijon*, 1821, in-12, 16 vol., dem. rel.

233. OEuvres de Lucien, trad. d'E. Talbot. *Paris*, Hachette, 1857, 2 vol. in-12, br. — Flourens, Examen de la phrénologie. *Paris*, Paulin, 1842, in-12, br.

234. C. Suetonius Tr. *Amst.*, 1671, in-18, vél. — Histoire de Venise. *Paris*, 1677, in-12, vél.

235. La Germanie, trad. de Tacite, par Panckoucke. *Paris*, 1824, in-8 et atlas in-4, cartonn.

236. Lucrèce, trad. par Lagrange. *Paris*, 1768, 2 vol. in-12, v. m., fig. de Gravelot.

237. Ariosto, opere varie. *Paris*, 1776, 3 vol. in-12, v. f.

238. OEuvres de Bertin. *Paris*, Didot, 1823, 2 tom. en 1 vol. in-32, dem. rel., fig. aj. — Mes quatre âges, poëme. *Paris*,

Giguet, 1805, in-12, fig., v. m. f. — Œuvres de Chaulieu. *Paris*, 1750, 2 vol. in-18, v. m. fr. et vig.

239. Œuvres de Boufflers. *Paris*, Pelletier, an XI, in-8, rel., v. pl., tr. dor.

240. Œuvres de P. Charron. *Paris*, 1635, in-4, v. m.

241. Œuvres de Desmahis. *Paris*, 1778, 2 vol. in-12, v. f., dent., tr. dor. (Thouvenin.)

242. Œuvres de Grécourt. *Amst.* 1746, 2 vol. in-12. — Contes nouv. du même. *Amst.* 1745, in-12, v. m., fr. gr.

243. Les Œuvres posthumes de M. de la Fontaine. *Paris*, Guill. de Luyne, 1696, in-8, mar. cit., tr. dor., fil. (anc. rel.)

244. Œuvres diverses de M. L. F. (Lefranc de Pompignan). *Paris*, 1753, 4 vol. gr. in-18, fig. grav. par Le Bas, v. — Les Caractères de la Bruyère. *Paris*, 1768, 2 vol. in-12, v. f.

245. Œuvres compl. de Legouvé. *Paris*, Janet, 1826, 3 vol. in-8, br. — Œuvres choisies de Marsollier. *Paris*, Aubrée, 1835, 3 vol. in-8, br.

246. Œuvres compl. de Palissot. *Paris*, Collin, 1809, 6 vol. in-8, dem. rel.

247. Œuvres diverses de M. Rousseau, contenant généralement tous ses ouvrages. *Bruxelles*, 1741, 2 vol. in-12, v. m.

248. Œuvres choisies du s^r Rousseau. *Rotterdam*, 1720, 3 part. en 1 vol. in-12, v. b., fig. — Anti-Rousseau (par Gacon). *Rotterdam*, 1712, 1 vol. in-12, v. l.

249. Œuvres de G. Sand, collect. Lévy. 26 vol. divers, br.

250. Œuvres de Saint-Évremond. *Amsterdam*, 1739, 7 vol. in-12, fig. de B. Picard, v. m.

251. Les Œuvres du s^r Théophile. *Paris*, s. d., 4 part. en 1 vol. in-12, v.

252. Œuvres de Voiture. *Paris*, 1713, 2 vol. in-12, v. br., fig. — Œuvres de Fr. Villon. *La Haye*, 1742, in-12, v. m.

253. Œuvres de Voltaire. *Paris*, 1817, Plancher, 44 vol. in-12, rel. en 28 vol., dem. v. bl.

254. Correspondance, etc., de Bernardin de Saint-Pierre. 7 vol. in-8, br. — Harmonies de la nature, par le même. *Paris*, 1815, 3 vol. in-8, pap. vél., br. Ens. 10 vol.

255. Le Philosophe sans prétention, ou l'Homme rare, par M. D. L. F. *Paris*, 1775, in-8, dem. rel. v. f., fig. —

Mémoire pour servir à l'hist. nat. des plantes de Russie, par Deschisaux ; — Du Nivellement, par Bullet. Ens. 3 vol.

256. Bossuet, Histoire universelle ; — B. de Saint-Pierre, Études de la nature ; — Boileau, Œuvres. Coll. Didot. Ens. 3 vol. in-12, br.

257. Victor Hugo, Notre-Dame de Paris. *Paris*, Charpentier, 2 vol., dem. mar. — Œuvres poétiques. *Paris*, Hachette, 4 vol., in-12 br.

258. Chansons de Nadaud. *Paris*, Dentu. — L'Amour, par Michelet. *Paris*, Hachette, 1859. Ens. 2 vol. br.

259. Liadières, Œuvres littéraires ; de Laprade, les Symphonies ; de Lamartine, les Confidences et Nouvelles confid. *Paris*, Lévy, 4 vol. form. Charp., br.

260. Simon, par G. Sand. *Paris*, 1838, in-8, dem.-rel. — Adolphe, par B. Constant. *Paris*, 1824, in-12, dem. rel. — Romans de Schiller, trad. par Pitre Chevalier. *Paris*, 1838, in-8, dem. rel. — Azraël et Nephta, par Berthoud, in-8, dem. rel.

261. L'Innocence du premier âge en France. *Paris*, Ruault, 1774, in-8, dem. rel., fig.

262. Petits chefs-d'œuvre historiques. *Paris*, Didot, 1852-54, 2 vol., in-12. dem. rel. v. — Révolutions romaines, par Vertot. *Paris*, Didot, 1816, 4 tom., rel. en 2 vol. in-18, dem. v. f.

263. Lettres à Émilie, par Demoustier. *Paris*, Renouard, 1817. 6 part. en 3 vol., in-18, v. f., dent., tr. dor., fig. de Moreau.

HISTOIRE.

264. Abrégé chron. de l'hist. anc. des empires, etc., par Lacombe. *Paris*, 1757, pet. in-8, v. f., fil., tr. dor.

265. États formés en Europe après la chute de l'emp. rom. en Occ., par d'Anville. *Paris*, I. R., 1771, in-4, carte, v., gr. fil.

266. Dissertations sur l'histoire civile et ecclés. de Paris, et autres écrits, par Lebeuf. *Paris*, 1739, in-12, dem. rel., v. f.

267. Voyage des élèves de l'école centrale de l'Eure, pendant les vacances de l'an VIII. *Évreux*, an X, in-8, fig., br.

268. Voyage en France, en Italie, etc., en 1750. *Paris*, 1763, 4 vol. in-12, v. ant., dent. (Vogel.)

269. La Vendée poétique, par Massé-Isidore. *Nantes*, 1829,
2 tom. en 1 vol. in-8, fig., dem. rel., v.

270. Patria, la France anc. et mod. *Paris*, 1847, 2 vol. in-12,
dem. rel., chag.

271. Lettres sur l'histoire de France, par Augustin Thierry.
Paris, Sautelet, 1827, in-8, dem. rel. mar.

272. Abr. chron. de l'hist. de France, par Mezeray, 3 vol. in-4,
v., f., tr. dor., port.

373. Louis XI et le Plessis lez Tours, par MM. le Ch. Louyrette
et le C. de Croy. *Tours*, 1841, gr. in-8, br., fig.

274. Campagne de Louis XIV, par Pellisson. *La Haye*, 1749,
in-12, dem. rel. — Pièces diverses rel. à la Fronde, en
1 vol. in-12, v.

275. Mémoires de Mme de Motteville. *Amsterdam*, 1723, 5 vol.
in-12, bas. (1re édit. mouil.).

276. Mémoires de Mlle de Montpensier. *Amsterdam*, 1730,
in-12, 6 tom. rel. en 3 vol., v.

277. Mémoires de Lauzun. *Paris*, Barois, 1822. — Mémoires de
Benvenuto Cellini, trad. de l'italien par de Saint-Marcel.
Paris, 1822. Ens. 2 vol. in-8, br.

278. Les Nièces de Mazarin, par Am. Renée. *Paris*, Didot,
1856, 1 vol. in-8, br.

279. Mémoires du card. de Retz. *Genève*, 1777, 6 vol. in-12, bas.

280. Mémoires de Saint-Simon. *Paris*, Hachette, 1857, in-12,
les 6 prem. vol., br.

281. L'Intrigue du cabinet, par Anquetil. *Paris*, 1780, 4 vol.
in-12, v. f. — Vie privée de Louis XV. *Londres*, 1781,
4. vol. in-12, v., m.

282. Mémoires de de Thou. *Amsterdam*, 1714, in-12, v. br. —
La vie de Mahomed, par Boulainvilliers. *Amsterdam*,
1731, in-12. v. fig.

283. Mémoires de Pontis. *Paris*, 1715, 2 vol. in-12, v. f., fil. —
Mémoires du duc de Larochefoucauld. *Cologne*, 1717,
1 vol. in-12, v. br.

284. Mémoires de Loménie, comte de Brienne, pub. par Barrière.
Paris, 1828, 2 vol. in-8, dem. rel.

285. Mémoires de Louvet de Couvray. *Paris*, 1823. in-8,
dem. rel.

286. Collection des mémoires dans l'affaire du cardinal de

Rohan. *Paris*, 1776, in-4, carton. (avec la grav. du collier aj.)

287. De la révolution française, par Royou, in-8, dem. rel. v. f. — Essai pour servir d'introduction à l'histoire de la révolution française. *Paris*, 1802, in-8, dem. rel. v. f.

288. Almanach-histoire de la révolution française, pour 1792, dem. rel. v. — Almanach des honnêtes gens. — La Lanterne magique. Ens. 3 vol. in-18, fig.

289. La Famille d'Orléans, par Ch. Marchal. *Paris*, Cauville, fr. 1845, in-8, br. (Vol. rare, l'édition ayant été saisie.)

290. Le Landscape français. France. *Paris*, L. Janet, *s. d.* in-8, pap. vél., fig., mar. bl., fil., tr. dor. — Allemagne et Pays-Bas, cart., dans un étui.

291. Voyage à l'isle d'Elbe, par A. Thiébaut de Bernaud. *Paris*, 1808, in-8, cart. et fig. bas.

292. Relation d'un voyage fait à Londres en 1814, par Roux. *Paris*, 1815, in-8, br.

293. Voyage en Angleterre et en Écosse, par Am. Pichot. *Paris*, 1825, 3 vol. in-8, fig. dem. rel. v. fr.

294. Voyage en Angleterre, par W. Gilpin, trad. de l'anglais. *Paris*, 1789, 2 vol. in-8.

295. Mémoires d'Angleterre. *La Haye*, 1698, in-12, v. br., fig. nomb.

296. Guide en Ecosse (pour faire suite aux œuvres de Walter Scott). *Paris*, Didot, *s. d.*, in-8, dem. rel., fig.

297. Histoire d'Irlande, par Gordon, 3 vol. in-8, br. — Histoire de la révol. d'Irlande, in-12, v. m. — Mém. sur l'Irlande, par O'Connell, in-8, br.

298. Voyage en Hollande, etc., fait en 1794 par Anne Radcliffe, trad. de l'anglais. *Paris*, an VI, 2 tom. en 1 vol. in-8, v. f., fil.

299. Voyage en Hollande, etc., par John Carr, trad. de l'anglais. *Paris*, 1809, 2 vol. in-8. fig., v. rac., dent. (Simier.)

300. Voyage pittoresque dans le Tyrol, etc., par le C. de B. *Paris*, 1825, in-fol. en feuilles, fig.

301. Le Tyrol et le nord de l'Italie, par Fr. Mercey. *Paris*, 1853, in 8, cart. et fig., dem. rel., v. ant.

302. Souvenirs de Genève, par Alex. Andryane. *Paris*, 1839, 2 tom. en 1 vol., dem. rel., v. ant.

303. Voyages divers sur les bords du Rhin et en Hanovre, 4 vol. in-8, br. et rel.

304. Voyage en Allemagne, dans le Tyrol et l'Italie, en 1804 et 1806, par Mme de la Recke, trad. de l'all. *Paris*, 1818, 4 tom. en 2 vol. in-8, v m., dent. (Simier.)

305 Mém. de la margrave d'Anspach, trad. de l'angl. *Paris*, 1826, 2 vol. in-8, port., dem. rel. v. f.

306. Don Carlos et ses défenseurs, par J. Magnès. *Paris*, 1837, in-4, br., port.

307. Mes vacances en Espagne, par Edgar Quinet. *Paris*, 1846, in-8, dem. rel. mar. — Antigone, par Ballanche. *Paris*, 1839, in-8, dem. rel., v. f. fig.

308. Chroniques chev. de l'Espagne et du Portugal, par Ferd. Denis. *Paris*, Ledoyen, 1839, 2 vol. in-8, br.

309. Relation d'un voyage forcé en Espagne et en France, in-8, br. — Voyage d'une ignorante dans le midi de la France et l'Italie (par Mme de Gasparin). *Paris*, 1835, 2 vol. in-8, br.

310. Voyage en Hongrie, par R. Townson, trad. de l'angl. *Paris*, 1803, 3 vol. in-8, pap. vél., cart. et fig., v. f., dent., tr. dor.

311. Souvenirs de la Sicile, par M. le C. de Forbin. *Paris*, I. R., 1823, in-8, v. m. — Charles Barimore, par le même. In-8, 1 fig., d. rel. v.

312. Voyage en Sicile et dans la Grèce. *Lausanne*, 1773, in-12, v. f., fil.

313. Traité hist. sur les Amazones. 2 vol. in-12.

314. Fêtes et courtisanes de la Grèce. *Paris*, Barba, 1803, 4 vol. in-8, br., fig.

315. Voyages divers, à Constantinople, en Grèce, à Lisbonne. Ens. 4 vol. rel. et br.

316. Description de Siam, par M. de la Loubère. *Amsterdam*, 1714, 2 vol. in-12, v.

317. Recherches hist. sur l'Inde, trad. de l'angl. par Robertson. *Paris*, 1792, in-8, cart., br.

318. Voyage dans l'Inde et au Bengale, par Degranpré. *Paris*, 1801, 2 vol. in-8, pap. vél., v. f., dent., tr. dor., et atlas in-4, même rel.

319. Hist. des aventuriers qui se sont signalez dans les Indes, par Doexmelin. *Paris*, 1686, 2 vol. in-12, fig., v. m.

320. Faits mém. des empereurs de la Chine. — Abrégé histor. des princ. traits de la vie de Confucius. *Paris,* 1788, 48 pl. gr. par Helman, in-4, cartonné.

321. Nouv. mém. sur la Chine, par le P. le Comte. *Amsterdam,* 1698, 3 vol. in-12.

322. L'Algérie ancienne et mod., par L. Galibert. *Paris,* Furne, 1843-44, gr. in-8, cart. et fig. n. et col., br.

323. Rapport sur l'Algérie, par M. de Tocqueville (le 24 mai 1847). In-8, gr. pap., dem. rel.

324. Divers ouvrages sur l'Algérie. In-8, br.

325. Relation de l'affaire de Larache. *Amsterdam,* 1775, pap. de Holl., in-8, v. gr.

326. Mémoires pour servir à l'hist. des exp. en Egypte et en Syrie, par Miot, in-8, v. rac., dent.—Conquêtes des Français en Egypte, in-8, cart., bas.

327. Histoire de Saladin, sultan d'Egypte, par Marin. *Paris,* 1758, 2 vol. in-12, v., fil.

328. Description de l'Egypte, par le Mascrier. *La Haye,* 1740, 2 vol. in-12, v. ant., fil. (Vogel.)

329. Voyage dans la basse et haute Egypte, par Denon. *Londres,* 1802, 2 vol. in-4 et atlas in-fol. cartonné.

330. Mémoires de John Tanner, ou Trente ans dans les déserts de l'Amérique du nord. *Paris,* 1835, 2 vol. in-8, br.

331. Voyages du baron de Lahontan dans l'Amérique septentrionale. *La Haye,* 1706, 2 vol. in-12. — Voyage dans le golfe du Mexique. *Paris,* Et. Robinot, 1713, in-12, carte, v. br. — Nouveau voyage dans l'Amérique septentrionale, par Brissot (Warville). *Paris,* 1791, 3 vol. in-8, v. rac., fil.

332. Voyages à la Nouvelle-Orléans, au Mississipi, 2 vol. in-8, br. — Voyages au Chili, etc. 2 vol. in-8, dem. rel., v. bl.

333. Hist. de la Louisiane, par Barbé-Marbois. *Paris,* 1829, in-8, cart. et port., v. ant., fil. (Bauzonnet.)

334. Histoire de la conquête du Mexique par Fern. Cortez, trad. de l'esp. de A. de Salis. *Paris,* 1730, 2 vol. in-12, fig.

335. Ouvrages sur le Mexique. Ens. 3 vol. in-8. — Hist. de l'île de Saint-Domingue. *Paris,* 1819, in-8, br.

336. Voyage au Nouveau Mexique par Z. Pike, trad. de l'angl. *Paris,* 1812, 2 vol. in-8, carte, br. — Voyage à Saint-Domingue par Wimpffen. *Paris,* 1797, 2 vol. in-8, cart., v.

v., fil. — Souvenirs des Antilles, 2 vol. in-8, br.—Voyage
aux Antilles, in-8, br.

337. Hist. de la déc. et de la conq. du Pérou, tr. de Zarate. *Amst.*,
1700, 2 vol. in-12, fig. — De la conq. et des rév. du Pérou,
par A. de Beauchamp. *Paris*, 1808, 1 vol. in-8, fig., dem.
rel., v. rose.

338. Hist. de la Colombie, par Lallement. *Paris*, 1827, in-8, pl.,
dem. rel., v. bl.

339. Essai sur les colonies franç. In-12, v. f., fil., tr. dor. (arm.).
— Hist. des Antilles, 1758, in-12, cart., v. m.

340. Voyage au pôle boréal, fait en 1773 par Philipps, trad. de
l'anglais. *Paris*, 1775, in-4, cart. et fig., mar. r., fil. tr.
dor. (Derome.)

341. Histoire des Sevarambes, peuples qui habitent... la terre
australe. *Amst.*, *s. d.*, 2 vol., v. fauve. — Relation d'un
voyage du pôle arct. au pôle antarct. par le centre du monde.
Paris, 1723, v.

342. Voyage en divers Etats de l'Europe, par le P. Avril, in-12,
fig., v. br. — Voyages en Afrique, Asie, etc., par Mocquet.
Paris, 1830, in-8, dem. rel., v. ant. — *Id.* du capit. Rob.
Lade, 2 vol. in-12, v. — *Id.* à la mer Rouge, sur les côtes
de l'Arabie, etc., en 1780-81, par Eyles-Yrwin, trad. de
l'angl. *Paris*, 1792, 2 vol. in-8, cart., dem. rel., v. gr., fil.

343. Histoire de l'île d'Hayti, in-8 cart. br. — 2 autres ouvrages
sur la même contrée. Ens. 3 vol. in-8.

344. Traité des monoyes, par Boizard. *Paris*, 1692, in-12, v. b.

345. La Science des médailles, par Joubert. *Paris*, 1715, in-12,
2 vol., v. br.

346. La 1re et la 2e partie du promptuaire des médailles, dep. Adam
jusqu'à Henry II. *Lyon*, 1553, in-4, v. b., fig. (piqûres).

347. Manuel héraldique, ou la Clef du blason. *Limoges*, 1816,
in-8, dem. rel. blas.

348. La Noblesse de France aux croisades, publ. par Roger. *Paris*, Derache, 1845, in-4, fig. sur chine, br.

HISTOIRE LITTÉRAIRE, BIOGRAPHIE.

349. Hist. de l'Académie française, par Pellisson. *Paris*, 1730,
2 vol. in-12, v.

350. Hist. de l'Académie, par Pellisson. *Amst*, 1717, in-12, v.
— Apothéose du dictionnaire de l'Académie. *La Haye*,
1696, in-12, v.

351. La Gaule poétique, par Marchangy. *Paris*, 1819, 8 vol.
in-8, dem. rel.

352. Voyage littéraire en Grèce, par Guys. *Paris*, 1776, 2 vol.
in-8, v. éc., fil., fig.

353. Apologie pour les grands hommes accusés de magie, par
Naudé. *Amsterdam*, 1712, in-12, v. br.

354. Biographie maritime, par Hennequin. *Paris*, 1835-37, 3 vol.
in-8, 2 vol. dem. rel., mar. v. Le 3ᵉ en livraisons.

355. Marguerite Aimond, lettres écrites en 1820 (par Mᵐᵉ de
). *Paris*, 1822, in-12, mar. r., dent., fil.

356. Amours de Catulle, par M. de la Chapelle. *Paris*, 1713. —
Amours de Tibulle, par G. de Moyvre. *Paris*, 1743, 2 vol.
in-12, v. f., fig., tr. dor. — Vie de Properce, par G. de Moyvre. *Paris*, 1754, 1 vol. in-12, v. m.

357. Vie de Mᵐᵉ de Maintenon. *Paris*, 1786, in-12, v. f., tr.
dor., port.

358. Raoul, duc de Normandie, par le Canut. *Amst.*, 1781,
in-12, v., fig. — Voyage de Normandie, par C. de Gassi-
court. *Paris*, an vii, in-12, bas., fig.

559. Hist. de Christ. Colomb, trad. de l'ital. de Bossi. *Paris*,
1824, in-8, dem. rel., v. ant.

360. Histoire de sainte Radegonde et de la cour de Neustrie, par
le vicomte de Bussière. *Paris*, 1850, in-8, br. — Histoire
de Blanche de Castille, par Mˡˡᵉ Vauvilliers. *Paris*, Paulin,
1841, in-8, 2 vol. br.

361. Histoire de Mᵐᵉ de Sévigné, par Aubenas. *Paris*, Allouard,
1842, in-8, br. — Mémoires de M. de Coulanges, publiés
par Monmerqué. *Paris*, Blaise, 1820, in-12, dem. rel.

362. Essai sur la vie de Suffren, par Hennequin. *Paris*, 1824,
pap. vél., portr.

363. La Vie de D. Olimpe Maldachini, trad. de l'abbé Gualdi,
par M. J. *Genève*, 1770, 1 vol. in-12, vél., v., portrait. —
Bianca Capello, roman dialogué. *Paris*, 1790, 3 vol. in-12,
v. m., dent., fig.

Paris. — Imprimerie de Pillet fils aîné, rue des Grands-Augustins, 5.

www.ingramcontent.com/pod-product-compliance
Lightning Source LLC
LaVergne TN
LVHW012122170726
843501LV00008BC/2972